W0045291

Sybille Rogaczewski-Nogai

Nähen

mit Lissi und Lukas

OZ creativ

Über dieses Buch

Bestimmt hast du schon einige Male mit verschiedenen Fäden gebastelt, vielleicht sogar gewebt, Kordeln gedreht oder Pompons gewickelt. Dann weißt du schon, dass es ganz unterschiedliche Fäden gibt, die du für Handarbeiten verwenden kannst.

In diesem Buch möchte ich dir zeigen, wie du verschiedene Dinge nähen kannst. Nähen bedeutet, dass du zwei oder mehr Stoffteile mit Nadel und Faden so verbindest, dass alles fest zusammenhält. Dazu hast du mehrere Möglichkeiten, je nachdem wie du mit der Nadel ein- und ausstichst, entstehen verschiedene Stiche.

Zu Anfang erkläre ich dir, welches Material und Werkzeug du benötigst. Dann siehst du Schritt für Schritt, wie du viele schöne Sachen nähen kannst. Los geht es mit ganz einfachen Dingen, zum Beispiel Lesezeichen oder Blumen, an denen du die ersten Stiche lernst. Das macht Spaß und so lernst du immer mehr, bis du schon bald Täschchen, Kuscheltiere und Stofffiguren nähen kannst!

Viel Freude mit Stoff, Nadel und Faden wünscht dir

Sybille Rogaczewski-Nogai

Inhaltsverzeichnis

Hallo!
Ich bin Lissi.

Und ich heiße Lukas.
Wir begleiten dich
durchs Buch.

Material

Zum Nähen brauchst du Stoff, Filz und Nähgarn in vielen Farben. Außerdem solltest du hübsches Zubehör wie Perlen, Pailletten und Bänder zur Hand haben.

Wollgarn

Schaumstoffwürfel

Schaumstoff

Chiffon

Bänder

Fleece

Haarreif und Haarspange

Nähgarn

Pailletten und Strasssteine

Perlen

Filz

Stoff

Wackelaugen

Knöpfe

Nieten

Kordeln

Wir brauchen auch bunte Knöpfe! Ich habe schon ganz viele gesammelt.

Werkzeug

Vieles davon habe ich in meiner Bastelkiste. Du auch?!

Du möchtest all die schönen Sachen in diesem Buch herstellen? Dann lege auch die folgenden Werkzeuge bereit.

Wellenschere

Zackenschere

Bleistift

Münzen

Nähnadeln

Wäscheklammern

Stecknadeln

Kreide

Schere

Zeichenpapier

Alleskleber

Ösenhammer mit Zubehör

Klebestift

Butterbrotpapier

Buchstabenanhänger

Überlege dir, ob du deinen Anfangsbuchstaben oder den deiner Freundin arbeiten möchtest.

Das brauchst du:

- Stoffrest, klein gemustert
- Schaumstoff, 1 cm dick, 10 x 10 cm pro Buchstabe
- Nähgarn und Nähnadel
- Öse und Ösenhammer mit Zubehör
- Schlüsselringe, Karabinerhaken
- Stecknadeln, Bleistift
- Vorlage: Schrift Comic Sans MS, 300 pt oder eine andere Schrift, die dir gefällt (Dein Buchstabe sollte nicht zu klein sein, sonst wird das Zuschneiden und Nähen sehr schwierig.)

So geht's:

1. Zeichne den gewünschten Buchstaben auf Papier oder drucke ihn am Computer aus und schneide ihn dann aus. Lege den Stoffrest links auf links, falte ihn also so, dass die Vorderseite außen liegt. Dann überträgst du die Vorlage auf den Stoff, dazu legst du den Papierbuchstaben darauf und umfährst ihn mit dem weichen Bleistift. Übertrage die Vorlage danach auch auf den Schaumstoff und schneide alles aus.

2. Steck die Stoffteile von beiden Seiten so auf das Schaumstoffteil, dass die rechten Seiten (Vorderseiten) nach außen schauen.

Ist das rechts oder links?

Du kannst so schöne Schlüsselanhänger für deine ganze Familie nähen.

Schau genau hin! Stoff hat eine Vorder- und eine Rückseite. Die Vorderseite ist schöner, Farben und Muster sind besser zu sehen, sie heißt auch rechte Seite. Die Rückseite wird auch linke Seite genannt.

3. Schneide einen 30 bis 50 cm langen Faden Nähgarn ab, führe ein Ende durch das Nadelöhr der Nähnadel und zieh den Faden so weit durch, dass er halb so lang herabhängt, wie das andere Ende des Fadens. An das lange Ende machst du nun einen Doppelknoten. Beim ersten Stich stichst du von der Rückseite nur durch das obere Stoffstück. So ist der Knoten nachher nicht zu sehen!

4. Dann umnähst du den Buchstaben mit Überwendlichstichen. Dazu führst du die Nadel nah an der Kante schräg durch alle Lagen (Stoff, Schaumstoff, Stoff). Dann stichst du einige Millimeter weiter wieder schräg ein und so weiter. Der Faden legt sich dabei außen um die Kanten.
Ist der Buchstabe ganz umnäht, vernähst du den Faden, indem du ihn einige Male um einen der Überwendlichstiche schlingst. Den Fadenrest schneidest du ab.

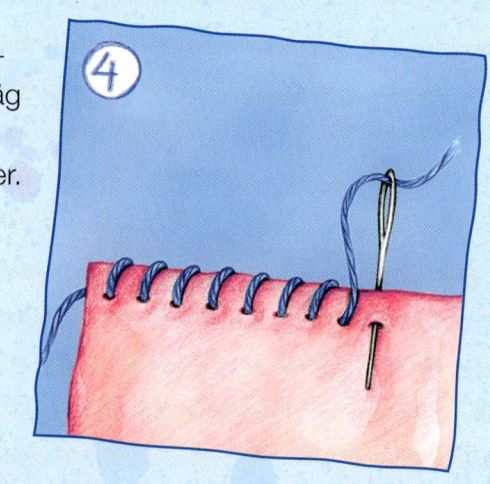

5. Nun kommt der Ösenhammer mit Zubehör zum Einsatz. Wir zeigen dir das an grünem Filz. Lege unbedingt ein altes Holzbrett unter. Stanze mithilfe des Ausstanzers oben in die Mitte des Buchstabens ein Loch.

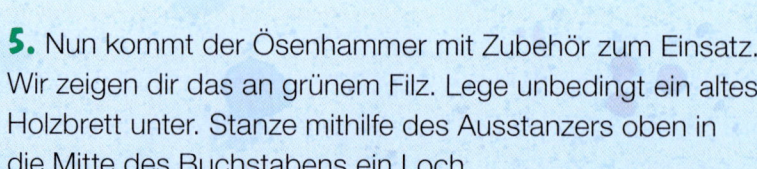

6. Setze die Öse ein, dann drehst du alles um.

7. Nun setzt du den spitzen Ösensetzer auf die Öse und schlägst ein- bis zweimal fest mit dem Hammer darauf.

8. So sieht die fertig angebrachte Öse im Buchstaben aus! Zum Schluss ziehst du den Schlüsselring durch die Öse und befestigst den Karabinerhaken.

Ich hänge den Buchstaben an meine Zimmertür!

Juhu! Da wohne ich doch auch — und L ist ja auch mein Anfangsbuchstabe!

Schmucke Sachen

Nähe gleich mehrere — dann hast du schöne Geburtstagsgeschenke für deine Freundinnen.

Das brauchst du:

- Filzreste
- Stoffreste, klein gemustert
- Strasssteine, rund, 5 mm und 7 mm Durchmesser, Blumen, 11 mm Durchmesser
- 1 große Haarklammer, 4 x 10 cm
- 2 Haarklammern, 5 x 3,5 cm

- 1 Haarreif in Weiß
- Nähgarn in Orange und Nähnadel
- Schere, Wäscheklammern
- Alleskleber, Klebestift
- Kugelschreiber, Bleistift
- Butterbrotpapier, Zeichenpapier

So geht's:

1. Lege zuerst ein Stück Butterbrotpapier auf die Vorlagen auf Seite 15 und ziehe die Linien mit einem Bleistift nach. Klebe das Butterbrotpapier auf ein Stück Zeichenpapier und schneide die Formen aus. Diese Schablonen legst du nun auf den Stoff oder den Filz und umfährst sie mit weichem Bleistift. Auf den Filz überträgst du mehrmals die Umrisse des großen Herzens und der großen Blume, auf den gemusterten Stoff überträgst du mehrmals die Umrisse des kleinen Herzens und der Kreise. Dann schneidest du alles aus.

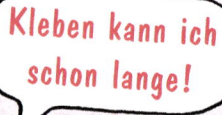

Kleben kann ich schon lange!

2. Die Kreise klebst du nun mit Klebestift jeweils in die Mitte der Filzblüten und die kleinen Herzen aus gemustertem Stoff auf die großen Filzherzen.

Du suchst die Farben aus — wie eine echte Modedesignerin.

3. Fädle jetzt Nähgarn in die Nähnadel. Weißt du noch, wie das geht? Schau einmal auf Seite 10, auf Bild 3 nach, dort ist es gut zu sehen.
Umnähe das Mittelstück mit Überwendlich- oder Vorstichen.

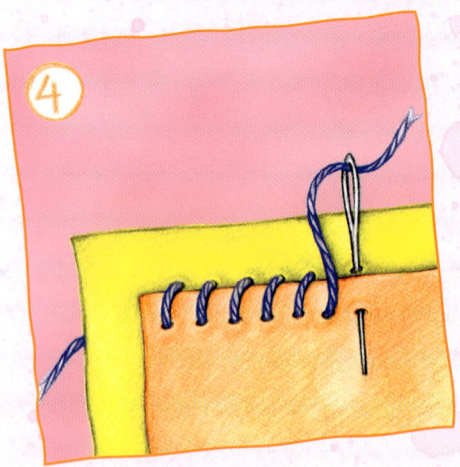

4. Für den Überwendlichstich die Nadel von unten durch den Stoff stechen, einige Millimeter daneben führst du dann die Nadel mit dem Faden um die Kante herum nach unten in den Filz, aber nicht ganz durch, sondern du stichst wieder nach oben aus. Dann stichst du einige Millimeter weiter wieder schräg zum nächsten Stich.
An Ende vernähst du das Fadenende auf der Rückseite.

5. Für den Vorstich, der auch Heftstich genannt wird, arbeitest du von rechts nach links. Stich von der Rückseite des Stoffes mit der Nadel nach oben aus und einige Millimeter (2 bis 6 mm) weiter wieder nach unten ein und so weiter. Die Abstände zwischen den Einstichen sollten immer gleich lang sein.

6. Klebe mit Alleskleber Strasssteine in die Mitte der zusammengenähten Teile.
Dann klebst du die Blüten und Herzen mit Alleskleber auf die Haarspangen oder den Haarreif. Zum Trocknen steckst du alles mit Wäscheklammern fest.

Jetzt kannst du schon zwei Überwendlichstiche: einen zum Zusammennähen und einen wie hier zum Drannähen.

Rauf, runter, rauf, der Vorstich ist ganz leicht.

Spinne liest mit

Mit diesem tierischen Lesezeichen findest du immer die richtige Stelle in deinem Lieblingsbuch.

He, Flatterchen, gib meine Lesespinne wieder her!

Das brauchst du:

- Bastelfilzreste, Wollgarn, Watte
- Kordel, 20 bis 30 cm, 3 bis 5 mm Durchmesser
- Holzperle, 1 cm Durchmesser
- 2 Wackelaugen, 7 mm Durchmesser
- Nähgarn, Nähnadel, Stecknadeln
- Kugelschreiber, Bleistift
- Butterbrotpapier, Papier, Alleskleber

So geht's:

①

1. Pause die Vorlagen von Seite 44 ab. Übertrage den großen Kreis zweimal auf Filz in einer Farbe und den kleinen Kreis zweimal auf Filz in einer anderen Farbe und schneide die Kreise dann aus. Wie du Vorlagen überträgst, wird auf Seite 12 in Schritt 1 genau erklärt. Klebe die zwei kleinen Kreise mit einem Tropfen Kleber auf einen der großen Kreise und nähe beide mit dem Überwendlichstich fest. Weißt du noch, wie das geht? Blättere auf Seite 14, dort kannst du es auf Bild 4 sehen.

②

2. Nun legst du vier 10 cm lange Wollfäden so auf den anderen großen Kreis, dass sie auf beiden Seiten gleich lang überstehen. Auf ein Ende der Kordel knotest du eine Holzperle, das andere Ende legst du längs zu den Wollfäden in die Mitte des Kreises. Obendrauf legst du noch einen kleinen Watteball.

Ruck, zuck fertig! Für diese Krabbeltiere brauchst du nur wenige Stiche.

3. Decke das Ganze mit dem zweiten großen Filzkreis so zu, dass die kleinen Kreise nach oben zeigen. Steck die Kreise mit Stecknadeln aufeinander fest und nähe sie mit Vorstichen zusammen. Der Vorstich wird auf Seite 14 in Schritt 5 erklärt. Danach ziehst du die Stecknadeln wieder heraus. Zum Schluss klebst du noch Wackelaugen auf die kleinen Filzkreise.

Bunte Kuschelkuh

Diese Kuh ist aus Fleece. Das ist ein ganz besonders weicher Stoff – einfach ideal, um ein Kuscheltier zu nähen.

Meine Kuh bekommt nur grüne Flecken!

Das brauchst du:

- Fleece in Weiß, 40 x 40 cm oder 80 x 20 cm
- Fleecereste in verschiedenen Farben
- Nähgarn in verschiedenen Farben, Nähnadel
- Füllwatte, 50 g
- 2 Wackelaugen zum Aufnähen, 14 mm Durchmesser
- Schere, Stecknadeln
- 20-Cent- und 50-Cent-Stück

So geht's:

1. Vergrößere die Vorlagen von Seite 20 mit einem Fotokopierer auf 200 Prozent und schneide sie dann aus. Lege die Schablonen für die Kuhflecken auf das bunte Fleece und umfahre sie mit Bleistift, übertrage jeden Flecken zweimal. Nun legst du das weiße Fleece doppelt und darauf die Papierschablonen von Körper, Kopf, Ohren und Schwanz und umfährst alle mit Bleistift. Schneide alle Teile auf den Bleistiftlinien aus. Nähe die beiden Schwanzteile und je zwei Ohrenteile mit Überwendlichstichen in einer kräftigen Farbe zusammen. Erinnerst du dich, wie dieser Stich geht? Sieh mal auf Seite 10 nach, dort ist es zu sehen.

Ich und du, schöne Kuh, bunte Flecken noch dazu!

2. Nun nähst du die beiden Körperseiten und die
zwei Kopfteile mit Überwendlichstichen zusammen.
Dabei legst du den Schwanz zwischen die beiden
Körperteile und die Ohren zwischen die beiden
Kopfteile und nähst sie gleich mit fest. Lass den
Hals und die rechte Kopfseite offen.

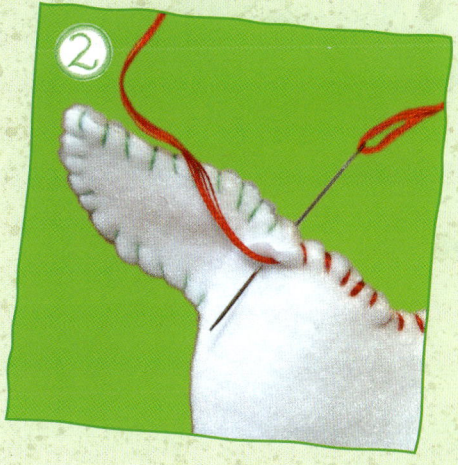

3. Stopfe die Teile mit Füllwatte aus, stecke den Hals in die offene Seite am Kopf, befestige die Stelle rundum mit Stecknadeln und nähe den Kopf mit Überwendlichstichen fest. Entferne die Stecknadeln.

4. Nähe nun die bunten Flecken auf Vorder- und Rückseite rundum mit Vorstichen fest. Blättere auf Seite 14, in Schritt 5 siehst du, wie es geht.

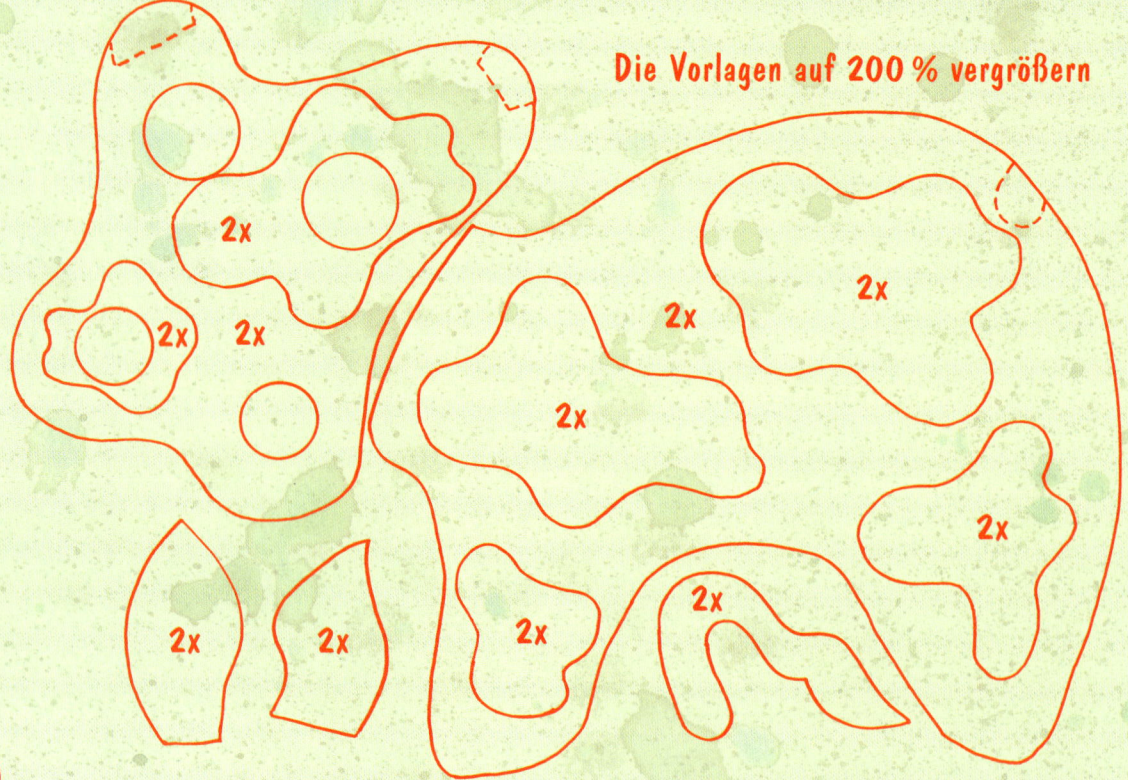

Die Vorlagen auf 200 % vergrößern

2x
2x
2x
2x
2x
2x
2x
2x
2x
2x
2x
2x

5. Jetzt legst du ein 50- und ein 20-Cent-Stück jeweils zweimal auf schwarzes Fleece und umfährst sie mit Bleistift. Schneide die Kreise aus, die beiden großen sind die Augenflecken, die beiden kleineren die Nüstern. Nähe sie mit Überwendlichstichen auf der Vorderseite des Kopfes fest.

6. Nähe die Wackelaugen auf die Augenflecken. Wackelaugen zum Aufnähen sind wie Knöpfe mit Öse und werden genauso durch die Öse festgenäht.

Lukas, pass mal auf die Kuh auf.

Oh, gern. Ich bringe sie auf die Weide!

Schneckenglück

Eine Tasche, die so grün ist wie eine Frühlingswiese, mit süßer Schnecke, die ist einfach toll. Möchtest du sie für dich nähen?

Das brauchst du:

- Textilfilz, 4 mm dick, 40 x 45 cm in Grün, 1 x 30 cm in Blau und zweimal 1 x 30 cm in Gelb
- Nähgarn in Dunkelblau und Gelb, Nähnadel

- 2 Wackelaugen, 10 mm Durchmesser
- Stecknadeln, Schere, Maßband
- Bleistift 2B, 1 Stück Tafelkreide
- Butterbrotpapier, Zeichenpapier

So geht's:

1. Übertrage die Vorlage von Seite 45 auf Papier, wie auf Seite 12 in Schritt 1 erklärt. Lege die ausgeschnittene Papierschablone zweimal (Vorder- und Rückseite) auf den grünen Filz und umfahre sie mit Kreide. Auf dieser Linie nähst du später. Zeichne eine zweite Linie im Abstand von etwa 5 mm um die erste herum. Auf dieser Linie schneidest du jetzt die Teile aus. Außerdem schneidest du noch aus dem grünen Filz zwei Stücke von 28 cm Länge und 6 cm Breite, das sind die Seitenstreifen der Tasche mit Boden.

2. Den blauen Filzstreifen klappst du an einem Ende 1 cm um das Ende eines gelben Streifens und stichst mit Nadel und blauem Faden quer durch. Nun legst du dieses Teil etwas rechts von der Mitte auf ein grünes Taschenteil und nähst es mit Überwendlichstichen daran fest. Erinnerst du dich? Falls nicht, schau auf Seite 14, Bild 4, noch einmal nach.

Deine kleine Schnecke ist immer mit dabei!

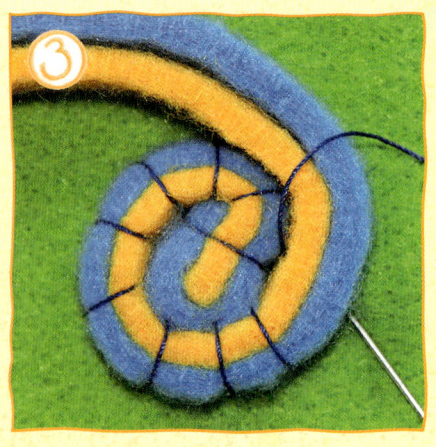

3. Nun legst du die beiden Streifen wie eine Schnecke umeinander und nähst die Streifen im Zentimeterabstand mit Überwendlichstichen fest.

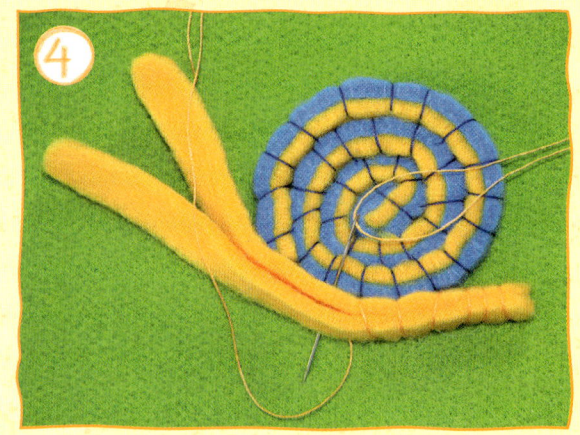

4. Für den Schneckenkörper schneidest du zwei gelbe Streifen von 1 x 13 cm zu und rundest die Ecken ab. Lege die Streifen aufeinander und unter die Schnecke und nähe sie dann, beginnend am Schwanzende, mit Überwendlichstichen an. Ab der Hälfte teilst du die beiden Streifen und nähst jeden einzeln auf. Die letzten 2 cm nähst du nicht fest, hier klebst du die Wackelaugen auf.

5. Zeichne mit Kreide einige Kringellinien um die Schnecke, vielleicht so wie auf dem Bild, und nähe sie mit Vorstichen nach. Wenn du möchtest, kannst du der Schnecke mit Steppstichen einen Mund aufnähen. Der Steppstich wird in den Zeichnungen auf Seite 25 oben erklärt.

6. Nun nähst du die Taschenteile zusammen: Lege dazu zwei Enden der grünen Streifen 1 cm übereinander und nähe sie mit Steppstichen zusammen.

7. Für den Steppstich arbeitest du von rechts nach links. Stich von unten nach oben aus und stich rechts davon nach einigen Millimetern wieder ein.

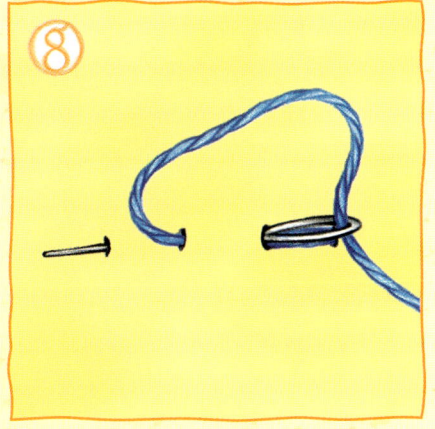

8. Stich nach links gehend mit doppelter Stichlänge aus.

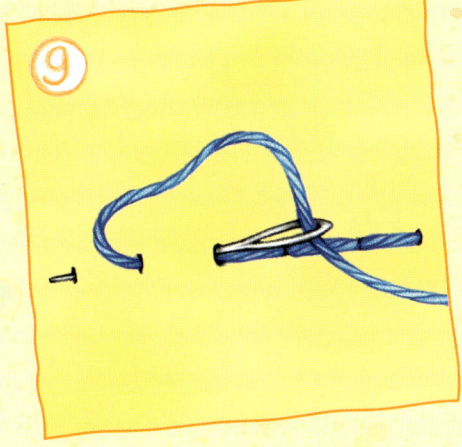

9. Dann führst du die Nadel wieder zur letzten Ausstichstelle zurück – deshalb wird dieser Stich auch Rückstich genannt.

10. Den langen Streifen legst du Kante an Kante um ein Taschenteil und steckst die Teile mit Stecknadeln zusammen. Beginne damit unten in der Taschenmitte mit der Mittelnaht des langen Streifens.

11. Nähe die Kanten mit Überwendlichstichen zusammen und entferne die Stecknadeln. Genauso machst du es mit dem zweiten Taschenteil.

Glitzerblumen

Diese hübschen Anhänger kannst du an Geschenken, Taschen und Kleidungsstücken anbringen.

Das brauchst du:

- Textilfilz, 4 mm dick, 9 x 9 cm
- Bastelfilzreste, in drei verschiedenen Farben
- Pailletten mit Loch in verschiedenen Farben, rund oder Sternchen, 0,5 cm Durchmesser

- Ösen und Ösenhammer mit Zubehör
- Kordelreste
- Nähgarn, Nähnadel
- Schere, Bleistift 2B
- Butterbrotpapier, Zeichenpapier

So geht's:

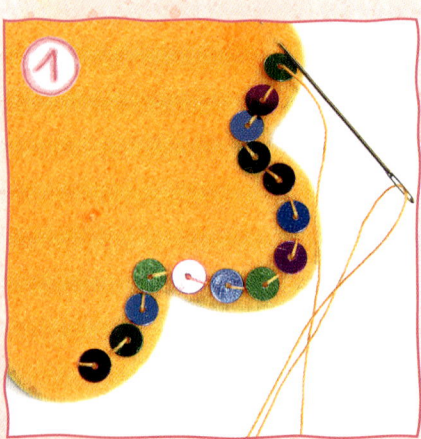

1. Übertrage die Vorlagen von Seite 45 auf Papier, wie auf Seite 12 in Schritt 1 erklärt. Schneide die große Blüte einmal aus dickem Filz, die kleine Blüte und die Kreise je zweimal aus Bastelfilz zu. Nähe auf die große Blüte rundum Pailletten, achte dabei darauf, dass du nur an der Filzoberfläche ein- und wieder ausstichst. Nähe genauso auf der Rückseite Pailletten auf.

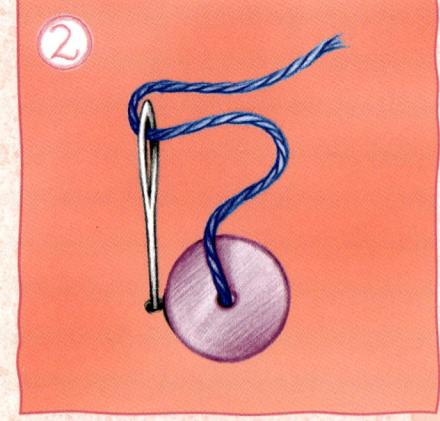

2. Zum Aufnähen stichst du mit der Nadel von hinten nach vorne aus, genau da, wo die Paillette sitzen soll. Fädle die Paillette über die Nadel auf den Faden und schiebe sie bis ans Fadenende auf den Stoff.

3. Nun stich direkt daneben wieder nach hinten. Für weitere Pailletten stichst du einfach an der nächsten Stelle wieder aus und arbeitest so weiter. Am Ende vernähst du den Faden auf der Rückseite.

Die Blütenanhänger glitzern und funkeln auf beiden Seiten.

4. Schneide die großen Kreise wie in der Vorlage kreuzförmig ein und lege die kleinen Kreise darauf und jeweils beide zusammen auf die kleine Blüte.

5. Jetzt nähst du einige Pailletten in der Mitte auf, diesmal stichst du aber durch alle drei Filzschichten durch. Nähe nun die kleine Blüte auf der großen Blüte fest, indem du zwischen den Pailletten ein-, aber nicht ganz bis zur Rückseite durchstichst. Genauso verfährst du mit der kleinen Blüte und den Kreisen auf der Rückseite. Bringe an der großen Blüte an einer Stelle ohne Pailletten eine Öse an, wie auf Seite 10/11 in Bild 5 bis 7 gezeigt, und ziehe eine Kordel durch.

Windlicht

Im Sommer leuchten sie als Windlicht auf der Terrasse oder dem Balkon. Im Winter wird ein Adventslicht daraus.

Das brauchst du:

- Trinkgläser, etwa 8,5 cm hoch, 7–8 cm Durchmesser
- Bastelfilz in Orange und Rot
- Chiffon oder Gardinenstoff in Gelb und Rot, je 25 x 9 cm
- Perlen (Rocailles) oder Pailletten
- Nähgarn in Gelb und Rot, Nähnadel
- Stecknadeln, Maßband, Schere, Bleistift 2B
- Kohle- oder Schneiderpapier
- stumpfe Stopfnadel oder dünne Stricknadel

So geht's:

①

1. Schneide jeweils einen Streifen von 8,5 x 25 cm aus Filz in Orange und Rot und aus dünnem Stoff in Gelb und Rot.

> Aus den Herzen und Kreisen fädle ich mir später eine Kette.

②

2. Vergrößere die Vorlagen von Seite 31 mit einem Foto-kopierer auf 200 Prozent. Nun legst du Kohle- oder Schneiderpapier mit der farbigen Seite auf den Filz und darauf die Vorlage und drückst mit einer Stopf- oder Stricknadel die Linien durch. Die gestrichelten Linien sind die Faltlinien. Falte also den Filz immer auf der nächsten gestrichelten Linie und schneide dann entlang der durchgezogenen Linien ein halbes Herz oder einen halben Kreis aus.

Lade dir einen Freund zum Windlichtnähen ein, zusammen macht es noch mehr Spaß!

3. Das machst du so oft, bis die Streifen „durchlöchert" oder mit Herzen versehen sind. Lege nun jeweils einen Filzstreifen auf den dünnen Stoff und befestige die beiden Streifen alle paar Zentimeter mit Stecknadeln aufeinander.

4. Umnähe jedes Herz bzw. jeden Kreis mit Überwendlichstichen und fasse dabei den dünnen Stoff mit. Schau dir am besten noch einmal den Überwendlichstich auf Seite 14, Bild 4, genau an.
Wenn du magst, kannst du jetzt auch noch Perlen oder Pailletten auf den Filz nähen. Wie Pailletten aufgenäht werden, wird auf Seite 26 gezeigt.

5. Zum Aufnähen von Perlen stichst du mit der Nadel von hinten nach vorne aus, genau da, wo die Perle sitzen soll. Fädle die Perle über die Nadel auf den Faden und schiebe sie bis ans Fadenende auf den Filz.

6. Nun stich direkt daneben wieder nach hinten. Für weitere Perlen stichst du einfach an der nächsten Stelle wieder aus und arbeitest so weiter. Am Ende vernähst du den Faden auf der Rückseite.

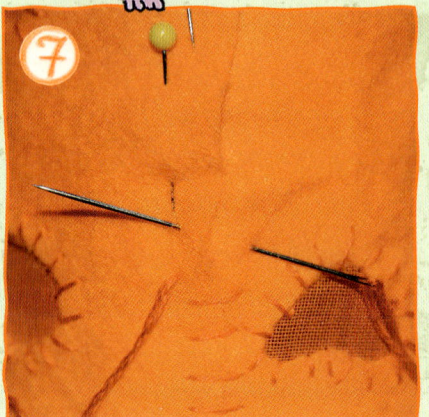

7. Lege den fertigen Streifen stramm um ein Glas, die Enden überlappend, stecke sie mit Stecknadeln fest und nähe sie mit Überwendlichstichen zusammen. Wenn der Filz oben oder unten übersteht, schneidest du ihn einfach ab.

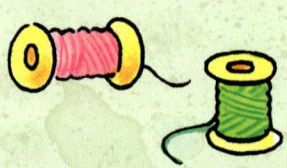

Die Vorlagen auf 200 % vergrößern

Spiraltäschchen

In diesem Täschchen finden alle Kleinigkeiten Platz, die sich sonst in der Schultasche immer „verkrümeln".

Das brauchst du:

- Baumwollperlgarn in Blau und Grün
- Filz in Pink
- 1 oder 2 Knöpfe mit Öse, 2–2,5 cm Durchmesser
- Nähgarn, Nähnadel
- feste Unterlage (z. B. Plastik-Set)

- Stecknadeln, Maßband
- Schere, Bleistift 2B
- Butterbrotpapier, Kohle- oder Schneiderpapier
- stumpfe Stopfnadel oder dünne Stricknadel

So geht's:

1. Pause die Vorlage für den Kreis mit Spirale von Seite 35 erst auf Butterbrotpapier ab und übertrage sie dann zweimal mithilfe von Kohle- oder Schneiderpapier auf Filz, wie auf Seite 28 in Schritt 2 beschrieben, und schneide die Kreise aus. Schneide außerdem zwei Streifen von etwa 8 x 35 cm aus Filz aus. Lege die Enden der beiden Streifen 1 cm überlappend aufeinander und nähe sie mit Steppstich zu einem 70 cm langen Streifen zusammen. Erinnerst du dich noch an den Steppstich? Blättere auf Seite 25, in Bild 7 bis 9 wird er gezeigt.

2. Klappe nun ein Ende des Streifens 12 cm um, das andere 4 cm und nähe diese doppelt liegenden Streifen jeweils an den Seiten mit Steppstichen zusammen.

Ich suche schon mal einen tollen Knopf!

Näh dir ein hübsches Krimskramstäschchen in deiner Lieblingsfarbe.

3. Für die Kordel schneidest du vier blaue und vier grüne Fäden von 1,60 m Länge ab. Verknote sie am Anfang und am Ende miteinander. Die Mitte des Strangs legst du um eine Türklinke. Dann knotest du beide Enden des Strangs zusammen. Nun dreh ihn immer in eine Richtung, bis er sich gleichmäßig fest anfühlt. Wenn du jetzt locker lässt, dreht sich die Kordel von selbst ein und bleibt verdreht. Nimm die Kordel von der Türklinke und verknote nun auch dieses Ende. Falte einen der Filzkreise zweimal und schneide eine winzige Spitze ab. Falte wieder auf und stecke einen Endknoten der Kordel in das Loch.

③

33

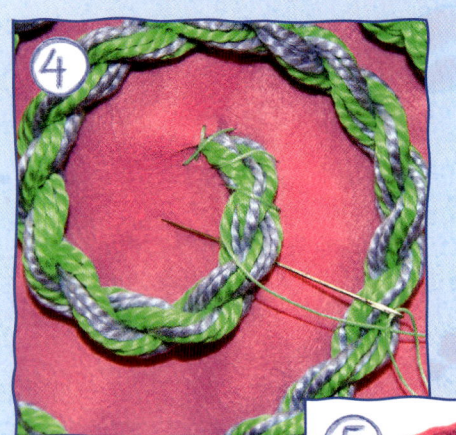

4. Lege den Kreis auf eine feste Unterlage, die Kordel von der Mitte aus zur Spirale und nähe sie auf der Unterlage liegend mit Überwendlichstichen fest. Das Ende der Kordel steht am Filzrand etwa 2 cm über.

So eine Kordel zu drehen ist ganz einfach!

5. Lege den Filzstreifen um den Rand des Filzkreises, beginne dabei mit dem lang umgenähten Ende (es bleibt als Klappe lose), stecke ihn mit Stecknadeln fest und nähe ihn mit Steppstichen etwa 5 mm vom Rand entfernt an, dabei fasst du das Ende der Kordel dazwischen. Es bleibt eine Öffnung von etwa 7 cm.

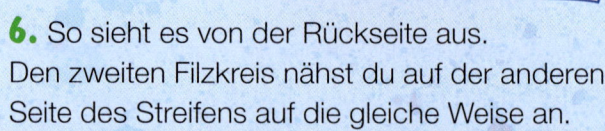

6. So sieht es von der Rückseite aus. Den zweiten Filzkreis nähst du auf der anderen Seite des Streifens auf die gleiche Weise an.

7. Schneide in die Verschlussklappe einen 3,5 cm langen Schlitz als Knopfloch und umnähe ihn mit kleinen Überwendlichstichen.

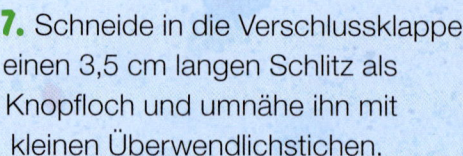

8. Schließe die Klappe und markiere durch das vordere Ende des Knopflochs hindurch mit Bleistift den Punkt, wo der Knopf angenäht wird. Öffne die Klappe und nähe den Knopf an. Wie du einen Knopf mit Öse annähst, kannst du auf Seite 21 sehen. Du kannst nun auch noch einen Knopf in die Mitte der Tasche auf den Kordelanfang nähen.

2x

Praktische Stifterolle

Kein Durcheinander mehr in der Stiftebox! In dieser Stifterolle sind deine Stifte übersichtlich und sicher aufbewahrt.

Das brauchst du:

- Filz in Türkis, 45 x 26 cm
- Filz in Hellgrün, Hellblau und Blau, je 30 x 10 cm
- Geschenkband, blau gemustert, 1 cm breit, 1 m
- Nähgarn in Blau, Nähnadel, Stecknadeln
- Schere, Wellen- und Zackenschere
- Textilkleber, dünne Pappe

So geht's:

1. Lege den Filz in Türkis längs, klappe etwa 14 cm von unten nach oben und stecke beide Seiten mit Stecknadeln fest.

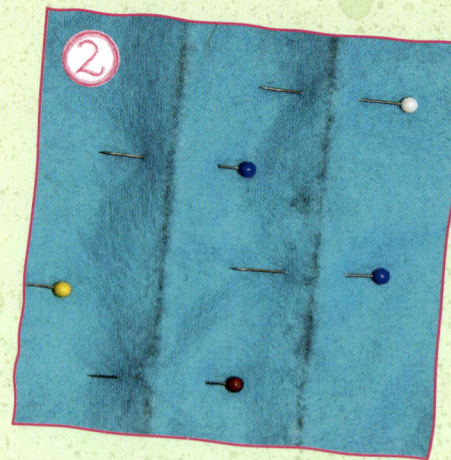

Na, Flatterchen, willst du mir helfen?

2. Übertrage die Vorlage für die Nählinien mithilfe von Kohle- oder Schneiderpapier auf das umgeklappte Filzteil, wie auf Seite 28 in Schritt 2 beschrieben, und stecke alle diese Linien quer mit Stecknadeln fest.

Da passen alle meine Stifte rein.

Gut zubinden – so geht kein Stift verloren.

3. Nähe die Linien mit Kreuzstichen nach. Achte dabei darauf, dass du beide Lagen Filz mit der Nadel erfasst.

4. Jeder Kreuzstich besteht aus zwei Stichen, dem Grund- und dem Deckstich. Die Grundstiche verlaufen schräg von links nach rechts oben, die Deckstiche von rechts unten nach links oben. Arbeite von links nach rechts. Du kannst zuerst in einer Hinreihe alle Grundstiche nähen, du stichst senkrecht von oben nach unten und 4 mm weiter rechts wieder.

5. In der Rückreihe arbeitest du die Deckstiche, indem du nun von rechts nach links arbeitest und wieder von oben senkrecht nach unten in die Einstichstellen des Grundstiches stichst. Du kannst aber auch jedes Kreuzchen für sich arbeiten.

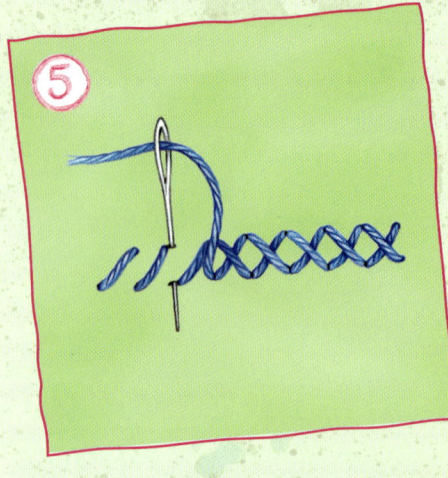

6. Umnähe auch alle Außenkanten mit Kreuzstichen.

7. Schneide für die entstandenen Stiftefächer passende Pappstreifen zu und schiebe sie hinein, damit du außen Filzstreifen aufnähen kannst, ohne Vorder- und Rückseite zusammenzunähen. Die Pappstreifen entfernst du nachher wieder.

8. Mit Wellen- und Zackenschere schneidest du aus verschiedenfarbigem Filz sieben Streifen von jeweils 26 cm Länge und 2–3 cm Breite. Lege sie quer auf die Außenseite der aufgeklappten Rolle. Das Geschenk-band (zum Binden) legst du in die Mitte, es hängt auf beiden Seiten etwa 30 cm über.

9. Befestige alle Streifen und das Band mit wenig Textilkleber und nähe sie dann mit verschiedenen Stichen wie Kreuzstichen, Vorstichen und Überwendlichstichen fest. Den Kreuzstich hast du gerade gelernt, den Vorstich und den Überwendlichstich kannst du dir auf Seite 14 noch einmal anschauen.

Ich nähe die Filzstreifen mit allen Stichen auf, die ich jetzt schon kann.

Lissi, zeig mir noch mal das Schleifebinden, sonst geht meine Rolle nicht zu!

Ein Freund für dich

Näh dir einen kleinen Freund — aus buntem Stoff, mit Stoppelhaar und fröhlichen Knopfaugen.

Das brauchst du:

- Baumwollstoff, bunt gemustert, 30 x 40 cm
- Filzreste
- Wollrest in passender Farbe
- 7 Knöpfe in verschiedenen Größen und Farben

- Füllwatte oder Schaumstoffwürfel
- Nähgarn, Nähnadel
- Schere, Bleistift 2B
- Butterbrotpapier, Kohle- oder Schneiderpapier
- stumpfe Stopfnadel oder dünne Stricknadel

So geht's:

1. Übertrage die Vorlage von Seite 43 auf Butterbrotpapier, wie auf Seite 12 in Schritt 1 erklärt. Pause auch die innere Linie ab, das ist die Nählinie. Augen und Knöpfe brauchst du nicht zu übertragen. Nun legst du den Stoff rechts auf rechts, falte den Stoff also so, dass die Vorderseite innen liegt. Dann legst du Kohle- oder Schneiderpapier mit der farbigen Seite auf den Stoff, darauf die Vorlage und drückst mit einer Stopf- oder Stricknadel die Linien durch. Dann schneidest du die Form entlang der äußeren Linie aus.

2. Nähe entlang der inneren Linie mit Steppstichen, beginne dabei am Kopf. Oben bleibt der Kopf aber offen. Weißt du noch, wie der Steppstich geht? Auf Seite 25 auf Bild 7 bis 9 kannst du nachschauen. Schneide die Nahtzugaben (das sind die gestrichelten Linien auf der Vorlage) an den Schultern, unter den Achseln und zwischen den Beinen bis zur Naht ein.

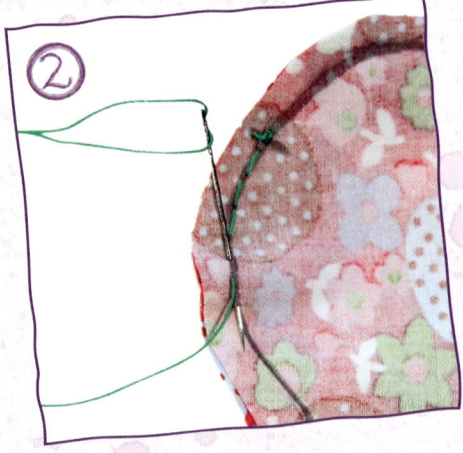

Ein guter Freund ist immer für dich da!

3. Wende die Puppe durch die Öffnung am Kopf, sodass nun die rechte Stoffseite (Vorderseite) außen ist. Stopfe die Puppe mit Schaumstoffwürfeln oder Füllwatte aus. Beginne dabei mit Armen und Beinen, hier geht es gut, wenn du einen Stift zu Hilfe nimmst.

4. Falte den Stoff am Kopf ein wenig nach innen, schiebe etwa 20 Fäden von jeweils 5 cm Länge in die Öffnung und stecke diese mit einer Stecknadel zu. Mit Steppstichen nähen, Stecknadel entfernen.

5. Lege für die Augen je zwei Knöpfe aufeinander und nähe sie an, auf dem Bauch nimmst du einfache Knöpfe. Für den Mund schneidest du ein kleines Herz aus Filz und nähst es mit einigen Steppstichen fest.

6. Um einen Knopf mit Löchern anzunähen, stichst du an der Stelle, wo der Knopf sitzen soll, ein und direkt wieder aus. Dann schiebst du den Knopf über die Nadel bis auf den Stoff.

8. Entferne das Streichholz und vernähe auf der Rückseite den Faden; für den Platz dazu hat das Streichholz gesorgt.

7. Nun legst du ein Streichholz auf den Knopf und stichst durch das zweite Loch im Knopf nach hinten, in den Stoff ein und wieder aus, durch das erste Loch nach vorne usw., das machst du vier- bis fünfmal. Hat dein Knopf vier Löcher, machst du das Ganze mit dem dritten und vierten Loch genauso.

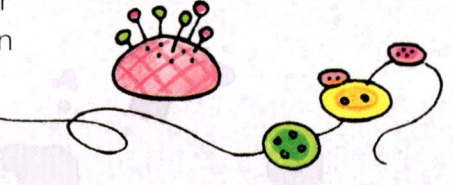

43

Vorlagen

Seite 26 „Glitzerblumen"

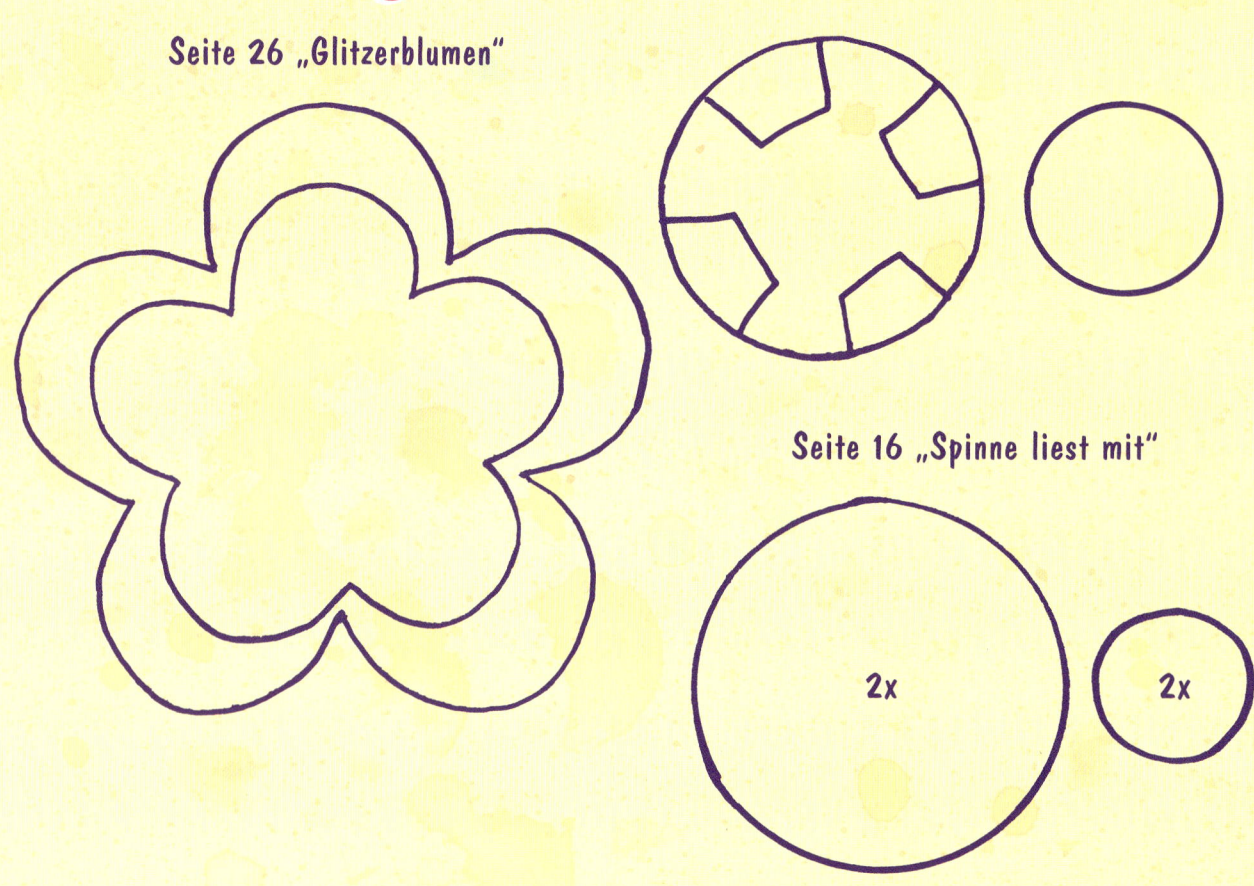

Seite 16 „Spinne liest mit"

2x

2x

Seite 36 „Praktische Stifterolle"
Die Vorlage auf 200 % vergrößern

2x

Seite 22 „Schneckenglück"

Impressum

Entwürfe und Realisation: Sybille Rogaczewski-Nogai
Fotos: Uzwei Uli Glasemann
Steppfotos: Sybille Rogaczewski-Nogai
Styling: Elke Reith
Zeichnungen: Annette Gack
Illustrationen Lissi und Lukas: Corina Beurenmeister
Redaktion: Claudia Schuh, Angelika Klein
Lektorat: Regina Sidabras
Satz und Layout: GrafikwerkFreiburg
Umschlaggestaltung: Yvonne Rangnitt
Repro: Meyle + Müller GmbH + Co. KG
Druck und Verarbeitung: Bilnet Printing, Istanbul

ISBN 978-3-8410-6120-1
Art.-Nr. OZ6120

© 2011 Christophorus Verlag GmbH & Co. KG, Freiburg
Alle Rechte vorbehalten.

Sämtliche Modelle, Illustrationen und Fotos sind urheberrechtlich geschützt. Jede gewerbliche Nutzung ist untersagt. Dies gilt auch für eine Vervielfältigung bzw. Verbreitung über elektronische Medien. Der Verlag hat alle Angaben und Anleitungen mit größtmöglicher Sorgfalt zusammengestellt. Dennoch kann bei Fehlern keinerlei Haftung für direkte oder indirekte Folgen übernommen werden.

Die gezeigten Materialien sind zeitlich unverbindlich. Der Verlag übernimmt für Verfügbarkeit und Lieferbarkeit keine Gewähr und keine Haftung.

Hersteller

Prym Consumer GmbH, Stollberg
www.prym-comsumer.de

Rayher Hobby GmbH, Laupheim
www.rayher-hobby.de

☎ Kreativ-Service

Sie haben Fragen zu den Büchern und Materialien? Frau Erika Noll ist für Sie da und berät Sie rund um alle Kreativthemen. Rufen Sie an! Wir interessieren uns auch für Ihre eigenen Ideen und Anregungen. Sie erreichen Frau Noll per E-Mail: mail@kreativ-service.info oder Tel.: **+49 (0) 5052/91 18 58** Montag–Donnerstag: 9–17 Uhr / Freitag: 9–13 Uhr

Besuchen Sie uns im Internet: www.christophorus-verlag.de